Lily Valmer (*1977) studierte Psychologie, Psycho-linguistik und Germanistik in München. In ihrer Tätigkeit als selbstständige Beraterin begegnet sie Menschen, die neue Wege gehen wollen – oft auf der Suche nach einem erfüllenden Leben. Die Frage, was uns wirklich glücklich macht, hat Lily stets begleitet. Schließlich verwirklichte sie ihren Traum, Bücher über Happiness zu schreiben.

Lily liebt Schneeflocken in den Bergen, Sommerabende am Meer und herzliche, authentische Menschen. Konkurrenzdenker und Statusjäger meidet sie und hat sich für ein buntes, überraschendes Leben voller Lachen entschieden, in dem nicht immer alles perfekt laufen muss. Neben einem nachhaltigen Lifestyle und Bio-Food interessiert sich Lily für Slow Living und Minimalismus. Dabei vergisst sie nie, die kleinen, schönen Momente im Leben zu genießen. Derzeit beginnt sie mit ihrer Familie ein neues Kapitel auf Mallorca und lässt sich von der mediterranen Leichtigkeit zwischen frischen Tapas und duftenden Orangenblüten inspirieren.

www.lilyvalmer.de

Weitere Bücher

- »The Style of Happiness« (Sachbuch) | Erstveröffentlichung 2025
  Das Buch ist kein 08/15-Glücksratgeber, sondern eine smarte Mischung aus Wissenschaft, Storytelling und praktischen Challenges. Es geht u.a. um Mindset, Minimalismus und die richtigen Menschen.

- Neues Buchprojekt (Roman) | geplant 2026
  Eine Woche Mallorca. Für Lea steht bereits im Flugzeug fest: »Was für eine grauenhafte Insel!«. Zwischen Hochzeitschaos, mysteriösen Spuren eines Verbrechens und einer Hippie-Kommune begegnet sie Menschen auf der Suche nach Glück – und denen, die Happiness bereits gefunden haben.

Lily Valmer

THE HAPPINESS RETREAT

EINHUNDERTELF TAGE
BODY & MIND - WELLNESS
FÜR MEHR LEICHTIGKEIT &
GLÜCKLICHE VIBES

Bibliografische Information der Deutschen Nationalbibliothek: Die Deutsche Nationalbibliothek verzeichnet diese Publikation in der Deutschen Nationalbibliografie; detaillierte bibliografische Daten sind im Internet über http://dnb.dnb.de abrufbar.

Verlag: BoD · Books on Demand GmbH, Überseering 33, 22297 Hamburg, bod@bod.de

Druck: Libri Plureos GmbH, Friedensallee 273, 22763 Hamburg
ISBN: 978-3-8192-6325-5

»20 minutes a day ...

... keeps sadness away«

Herzlich willkommen

zum »111-Tage-Happiness-Retreat«.

Dieses Buch ist dein persönlicher Guide auf dem Weg zu mehr Zufriedenheit und Freude. In den nächsten einhundertelf Tagen erwartet dich jeden Tag eine kleine, leicht umsetzbare Challenge, die dir dabei hilft, deinen Lifestyle bewusster, positiver und glücklicher zu gestalten.

Das Beste daran? Du brauchst nur maximal 20 Minuten am Tag – noch nicht einmal eine halbe Stunde – die du dir ganz bewusst für dein Wohlbefinden nimmst. An manchen Tagen sogar nur ein paar Minuten. Diese Zeit ist ein Geschenk an dich selbst, eine Investition in deine eigene Happiness. Jeder kleine Schritt zählt und bringt dich näher zu einem zufriedenen, erfüllten Leben.

Bist du bereit? Lass uns direkt starten!

Guidelines

- Lies die Challenge direkt nach dem Aufstehen, damit du sie in deinen Tag integrieren kannst.

- Die Beispiele in den Challenges sind als Inspiration gedacht – am besten entwickelst du eigene Ideen, die zu dir passen.

- Nutze die »Notes« unter jeder Challenge, um deine Gedanken und Erkenntnisse direkt festzuhalten.

- Sei offen für Neues: Probiere auch Herausforderungen aus, die dir zunächst ungewöhnlich oder wenig sinnvoll erscheinen.

- Funktioniert eine Tages-Challenge für dich gut, kannst du sie gerne langfristig in deinen Lifestyle übernehmen.

- Du kannst die Dauer einer Challenge über die 20 Minuten hinaus verlängern, wenn du dich intensiver mit einer Aufgabe beschäftigen möchtest.

- Einige wenige Challenges, die mit Planung verbunden sind, wie Treffen mit Freunden, besondere Aktivitäten oder das Lernen von etwas Neuem, dürfen gerne länger dauern.

111 Tage
111 Challenges
111 Happiness Momente

1

Dein perfekter Tag

»Wie müsste der Tag heute sein, damit es ein perfekter Tag für mich wäre?« Das können Dinge wie leckeres Essen, ein neues Jobangebot, Freunde treffen, ein Tag am Meer oder Sport sein. Notiere dir deine »Perfect-Day-Booster« und versuche, eine Sache davon umzusetzen – auch wenn du nur darüber nachdenkst, wie du deinen Wunsch erreichen könntest. Das Streben nach etwas, das uns wichtig ist, gibt dem Alltag Bedeutung und macht happy.

Notes

....

....

....

....

....

☐ Challenge erfolgreich umgesetzt

2

Minimiere überflüssige Kontakte

Gehe deine Kontaktliste im Smartphone oder Adressbuch durch und entferne unnötige, energieraubende oder veraltete Kontakte, die dir nichts mehr bedeuten. Fokussiere dich stattdessen auf Menschen, die dir am Herzen liegen, dich inspirieren und unterstützen. Überlege, wie du diese Kontakte aktiv pflegen kannst – sei es durch regelmäßige Nachrichten, Anrufe oder persönliche Treffen. Enge, positive Beziehungen sind einer unserer größten Glücksbringer.

Notes

....

....

....

....

....

☐ Challenge erfolgreich umgesetzt

3

Move your Body

Mache einen zügigen Spaziergang, ein sanftes Stretching oder Workout. Ziehe dir bequeme Kleidung an und gehe nach draußen oder nutze einen Raum in deinem Zuhause für leichte Übungen. Es gibt kaum etwas Besseres als Bewegung, um Glücksgefühle zu aktivieren und den Körper zu beleben. Das Gefühl, sich etwas Gutes zu tun und aktiv zu sein, stärkt zudem das Selbstbewusstsein und unsere innere Balance.

Notes

....

....

....

....

....

☐ Challenge erfolgreich umgesetzt

4

Feel-Good-Snacks

Bereite dir für den Tag »Feel-Good-Snacks« wie Nüsse, Obst oder Gemüsesticks vor, damit du in stressigen Momenten nicht zu ungesunden Alternativen greifst. Wenn du gesunde Varianten vorbereitet hast, fällt es dir leichter, dich bewusst zu ernähren. Eine ausgewogene Ernährungsweise gibt uns das Gefühl, gut für uns selbst zu sorgen und liefert uns Happy Vibes.

Notes

....

....

....

....

....

☐ Challenge erfolgreich umgesetzt

❀

5

Gönne dir eine Pause

Es ist leicht, sich in Arbeit und Alltagsstress zu verlieren. Mache im Laufe des Tages bewusst eine kurze Pause, in der du dich streckst, tief durchatmest oder einfach für ein paar Minuten abschaltest. Diese Mini-Pause bringt neue Energie, reduziert Stress und schafft Raum für innere Balance und Zufriedenheit.

Notes

....

....

....

....

....

☐ Challenge erfolgreich umgesetzt

6

Positiv kommunizieren

Kommuniziere in deinem nächsten persönlichen Gespräch bewusst wertschätzend, indem du aktiv zuhörst, dein Gegenüber ausreden lässt und dich auf den Inhalt konzentrierst. Signalisiere durch Körpersprache – wie leichtes Nicken, Augenkontakt oder Lächeln – dass du dich auf deinen Gesprächspartner fokussierst. Wertschätzende Kommunikation erzeugt positive Resonanz, lenkt den Fokus auf das Gute und setzt Glücksgefühle frei.

Notes

....

....

....

....

....

☐ Challenge erfolgreich umgesetzt

Natural Home

Überprüfe, wie du die Natur in deine Wohnräume bringen kannst und notiere deine Ideen. Natürliche Accessoires aus Holz, Kork oder Stein, Pflanzen, der Einsatz erdiger Farbtöne, genügend Tageslicht und selbst ein kleiner Kräutertopf in der Küche verbinden uns mit der wohltuenden Natur. Studien zeigen, dass natürliche Materialien Stress reduzieren, Kreativität fördern und uns glücklicher machen.

Notes

....

....

....

....

....

☐ Challenge erfolgreich umgesetzt

8

Spieleabend

Plane für die nächsten Tage einen Spieleabend, notiere, wen du einladen möchtest, und starte mit der Organisation. Oder, wenn du heute Abend nicht allein bist, setze es direkt um – auch wenn es nur ein kurzes Spiel wie »Mensch ärgere dich nicht«, »Stadt, Land, Fluss« oder »Kniffel« ist. Genieße die gemeinsame Zeit, um den Alltag zu vergessen und einen lustigen Abend zu verbringen – alles Dinge, die essenziell für unser Wohlbefinden sind.

Notes

....

....

....

....

☐ Challenge erfolgreich umgesetzt

9

Mache es dir am Abend gemütlich

Nimm ein entspannendes Bad, lies ein Buch, höre einen Podcast oder mache eine kurze Meditation und verzichte auf TV und digitales Social Networking. Das hilft dir, den Tag abzuschließen und zu relaxen. Eine kleine Ruhephase am Abend ohne Hektik lässt uns besser in den Schlaf finden, der wichtig für eine gute Stimmung am nächsten Tag ist.

Notes

....

....

....

....

....

☐ Challenge erfolgreich umgesetzt

10

Creative Cooking

Koche heute ein schnelles Essen ausschließlich mit den Zutaten, die du in deinem Kühlschrank und in deinen Vorräten findest und verzichte auf ein Rezept. Kreative Tätigkeiten machen uns glücklich und bringen Abwechslung in unseren Alltag. Und beim Kochen riechen, schmecken und fühlen wir – das bringt uns in den Moment und steigert zusätzlich unser Wohlbefinden.

Notes

....

....

....

....

....

☐ Challenge erfolgreich umgesetzt

11

Mini-Workout Hausarbeit

Nutze Hausarbeiten als Gelegenheit zur Bewegung. Staubsaugen, Rasenmähen, Fensterputzen, Aufräumen oder Fußbodenwischen können zu einem aktiven Mini-Workout werden. Suche dir eine Tätigkeit aus und baue sie in deinen Tag ein. Ein ordentliches, sauberes Zuhause gibt dir nach getaner Arbeit ein gutes Gefühl und Bewegung ist ein gesunder Happiness-Booster.

Notes

....

....

....

....

....

☐ Challenge erfolgreich umgesetzt

12

Freude schenken

Ob mit einem selbstgebackenen Kuchen, einer lieben Nachricht, einem spontanen Kurz-Besuch auf ein »Hallo« oder einem Videoanruf – überrasche einen Menschen, der dir wichtig ist. Wenn du jemandem ein Lächeln ins Gesicht zauberst, steigt auch deine eigene Laune. Denn Geben macht happy – wenn nicht sogar noch mehr.

Notes

....

....

....

....

....

☐ Challenge erfolgreich umgesetzt

13

Lerne, »Nein« zu sagen

Lerne, Grenzen zu setzen und sage bewusst »Nein« zu Dingen, die dir Energie rauben oder dich überfordern. Umgibst du dich mit zu vielen Verpflichtungen, kann das deine mentale und emotionale Gesundheit belasten. Denke an eine Sache, die du gerne ändern würdest. Überlege, wie du klare Grenzen setzen bzw. dich distanzieren kannst und notiere deine Ideen. Ein »Nein« zu Dingen, die dich belasten, bringt Entspannung und führt zu mehr Zufriedenheit.

Notes

....

....

....

....

....

☐ Challenge erfolgreich umgesetzt

14

Guten-Morgen-Ritual

Mache direkt nach dem Aufstehen etwas, das dir Energie und Freude schenkt. Das kann eine kurze Meditation, eine Mini-Sportsession, das Fenster öffnen und frische Luft einatmen, ein warmes Getränk oder das Hören deines Lieblingsliedes sein. Überlege dir, welches kleine Ritual am besten zu deinem Morgen passen könnte, notiere es und setze es regelmäßig um, wenn du magst. Ein positiver Start in den Tag schafft eine gute Basis für alles Weitere.

Notes

....

....

....

....

....

☐ Challenge erfolgreich umgesetzt

15

Plane deinen Urlaub nachhaltiger

Beginne mit der Planung deines nächsten Urlaubs. Achte dabei darauf, dass die Anreise idealerweise mit umweltfreundlichen Verkehrsmitteln erfolgt und die Unterkunft auf Nachhaltigkeit setzt (z. B. regionales Frühstück oder grüne Energie). Notiere deine Ideen, mögliche Reiseziele und den Reisezeitraum. Nachhaltiger zu reisen gibt dir ein gutes Gefühl und du kannst die Vorfreude auf den Urlaub noch mehr genießen.

Notes

....

....

....

....

....

☐ Challenge erfolgreich umgesetzt

16

Lies in einer ungewohnten Umgebung

Nimm dir ein Buch, eine Zeitschrift oder ein E-Book mit und lies es an einem für dich ungewöhnlichen Ort, wie einem Café, einem Botanischen Garten oder einem Raum deines Zuhauses, an dem du normalerweise nicht liest. Das trainiert deine Flexibilität und wenn du dich regelmäßig bewusst auf neue Dinge einlässt, kannst du auch entspannter mit ungeplanten Veränderungen umgehen.

Notes

....

....

....

....

....

☐ Challenge erfolgreich umgesetzt

17

Kreativitäts-Session

Beginne ein kleines Schreib- und Fantasieabenteuer: Schließe die Augen und stelle dir vor, du hältst dein eigenes Buch in den Händen. Wie sieht das Cover aus? Wovon handelt es? Welchen Titel hat es? Und welches Gefühl löst es in dir aus? Schreibe deine Gedanken auf und genieße das Eintauchen in eine andere Welt. Kreativität versprüht Freude, bringt Entspannung und bereichert deinen Alltag.

Notes

....

....

....

....

....

☐ Challenge erfolgreich umgesetzt

18

Gestalte dein Zuhause sportlich

Verändere deine Umgebung und schaffe ein Umfeld, das Bewegung begünstigt, indem du beispielsweise deine Sport-kleidung griffbereit hältst, die Laufschuhe direkt neben der Tür stehen hast oder deine zusammengerollte Yogamatte sichtbar in einer Ecke aufstellst. Damit behältst du den »Sport im Blick« und es fällt dir leichter, dich zu motivieren. Bewegung ist für uns essenziell und einer der effektivsten Happiness-Booster.

Notes

....

....

....

....

....

☐ Challenge erfolgreich umgesetzt

19

Food Experience

Plane ein kleines Koch-Abenteuer und suche dir ein Rezept für ein ungewöhnliches Gericht aus einem dir unbekannten Kulturkreis – wie Indien, Peru, Kroatien, Vietnam oder Hawaii – aus, um es in den nächsten Tagen zuzubereiten. Ein neues Geschmackserlebnis bringt Abwechslung in den Alltag und lässt uns über den Tellerrand blicken – Reise-Feeling und Freude inklusive.

Notes

....

....

....

....

....

☐ Challenge erfolgreich umgesetzt

20

Sei aufmerksam

Achte auf deine Umgebung und zeige dich besonders aufmerksam. Du kannst beispielsweise einer Person die Tür aufhalten, einen anderen Autofahrer in den Verkehr einfädeln lassen oder jemandem ohne Aufforderung einen Kaffee oder Tee machen. Das erfreut sowohl die Person, der du eine Aufmerksamkeit schenkst, als auch dich und sorgt für glückliche Momente.

Notes

....

....

....

....

☐ Challenge erfolgreich umgesetzt

21

Work-Life-Balance

Überprüfe, ob dein Verhältnis zwischen Verpflichtungen/ Arbeit und Freizeit ausgewogen ist und überlege, was du ändern könntest, um mehr Zeit für Erholung zu haben (z. B. E-Mails nur während deiner regulären Arbeitszeit lesen, Prioritäten setzen, Gewohnheiten hinterfragen). Notiere deine Änderungsvorschläge und setze sie bei nächster Gelegenheit um. Deine Work-Life-Balance ist entscheidend, um langfristig zufrieden zu bleiben.

Notes

....

....

....

....

....

☐ Challenge erfolgreich umgesetzt

22

Beginne etwas Neues

Überlege dir, was du gerne erlernen würdest. Das kann beispielsweise eine Sprache, ein Musikinstrument, eine Sportart oder eine andere Fähigkeit sein. Lade dir eine kostenlose App dafür herunter, kaufe dir ein Lernbuch oder melde dich zu einem (Online-)Workshop an. Durch neue Herausforderungen lernen wir, entwickeln uns weiter und stärken unser Selbstbewusstsein – was wiederum unsere Happiness steigert.

Notes

....

....

....

....

....

☐ Challenge erfolgreich umgesetzt

23

Telefoniere im Stehen

Wenn du dein nächstes Telefonat führst, stehe dazu auf oder laufe dabei im Raum umher. Vielleicht verbindest du ein längeres Telefonat auch mit einem Spaziergang an der frischen Luft. Schon minimale Bewegungen, wie ein paar Schritte zwischendurch, sorgen für eine gute Stimmung, reduzieren Stress und helfen uns, zu entspannen.

Notes

....

....

....

....

....

☐ Challenge erfolgreich umgesetzt

24

Sende eine positive Message

Schreibe einem guten Freund*in eine nette Nachricht, in der du beschreibst, was du an ihm oder ihr schätzt – sei es Freundlichkeit, Geduld, Mut, Verlässlichkeit, Ehrlichkeit oder die Fähigkeit, dich zum Lachen zu bringen. Diese Wertschätzung stärkt eure Beziehung und Studien zeigen, dass Menschen mit engen Freundschaften häufig eine bessere Gesundheit haben, zufriedener sind und oft sogar länger leben.

Notes

....

....

....

....

....

☐ Challenge erfolgreich umgesetzt

Stärken-Test

Finde heraus, welche Softskills, wie soziale Kompetenzen oder methodische Fähigkeiten, dich ausmachen – sei es durch Selbstreflexion, einen kostenlosen Online-Test oder eine Umfrage bei Freunden/Familie. Notiere dir deine Stärken und überlege, wie du diese im Alltag oder in der Arbeit noch besser nutzen kannst. Das Fokussieren auf deine Stärken bringt Positivität und erlaubt dir zu wachsen, was wiederum die Zufriedenheit steigert.

Notes

....

....

....

....

....

☐ Challenge erfolgreich umgesetzt

26

Mini-Aufräum-Session im Badezimmer

Nimm dir einen Korb, gehe durch dein Badezimmer und lege mindestens drei Dinge hinein, die für den Müll bestimmt sind (z. B. abgelaufene Kosmetikproben, verschlissenes Handtuch, kaputte Haarbürste) oder die du verschenken möchtest, da du sie nicht mehr benötigst. Im Gegensatz zu zeitaufwendigen Aufgaben sieht man beim Aufräumen sofort ein Ergebnis – und dieses kleine Erfolgserlebnis sorgt direkt für ein gutes Gefühl.

Notes

....

....

....

....

....

☐ Challenge erfolgreich umgesetzt

Bio-Lebensmittel

Achte bei deinem nächsten Einkauf darauf, gesunde Lebensmittel wie Obst, Gemüse, Hülsenfrüchte, Nüsse, Huhn oder mageres Fleisch in Bio-Qualität auszuwählen. Diese enthalten oft weniger Rückstände von Pestiziden und anderen Chemikalien. Im Falle von Huhn und Fleisch ist Bio auch besser für das Tierwohl. Wenn wir unserem Körper bewusst hochwertige, gesunde Nahrungsmittel zuführen und die Natur wertschätzen, macht uns das glücklicher.

Notes

....

....

....

....

....

☐ Challenge erfolgreich umgesetzt

28

Small Moves

Führe einfache Übungen wie Kniebeugen, auf Zehenspitzen wippen oder sanftes Hüftkreisen durch, während du Zähne putzt oder darauf wartest, dass der Kaffee durchläuft oder das Teewasser kocht. Bewegung ist essenziell für unsere Happiness und hält uns noch dazu flexibel und gesund. Selbst wenig Bewegung ist immer noch besser als keine Bewegung.

Notes

....

....

....

....

....

☐ Challenge erfolgreich umgesetzt

29

Was wäre, wenn ...

Was würdest du tun, wenn du im Lotto gewinnst, kein Geld mehr verdienen müsstest und dadurch die Freiheit hättest, dein Leben nach Belieben zu gestalten? Notiere dir deine Ideen dazu und probiere eine Sache direkt aus – sei es ein kleiner erster Schritt oder eine Mini-Version deiner Traumidee. Das regt zum Träumen, Reflektieren und Visualisieren an – drei Dinge, die nachweislich positive Emotionen fördern.

Notes

....

....

....

....

....

☐ Challenge erfolgreich umgesetzt

30

Atem-Pause

Nimm dir drei Minuten Zeit und setze dich bequem auf einen Stuhl, dein Sofa oder den Boden. Schließe die Augen und wiederhole einige Male die folgende Übung: Atme tief durch die Nase ein, halte kurz die Luft an und atme langsam durch den Mund aus. Diese einfache Atemtechnik kann helfen, Stress abzubauen und dich wieder in den Moment zu bringen – das steigert unsere Achtsamkeit und lässt uns gelassener durch den Tag gehen.

Notes

....

....

....

....

....

☐ Challenge erfolgreich umgesetzt

Ein Tag in Bildern

Mache einen Tag lang möglichst viele spontane Fotos von allem, was du tust, und sieh dir die Bilder am Abend an. Wenn jemand bei dir ist, könnt ihr euch die Fotos auch gemeinsam anschauen – das macht noch mehr Spaß. Kreative Tätigkeiten wie Fotografieren können helfen, Stress abzubauen und fördern das Wohlbefinden. Und wenn du deine Erlebnisse mit jemandem teilst, stärkt das eure Bindung und verspricht noch mehr Happiness.

Notes

....

....

....

....

....

☐ Challenge erfolgreich umgesetzt

32

Ein Kompliment

Nimm dir vor, mindestens ein ehrliches Kompliment zu machen, beispielsweise zum Outfit, zur Freundlichkeit, zur Ausstrahlung oder für eine besondere Fähigkeit oder Leistung. Ob an Freunde, Kollegen, Familie, Nachbarn oder Fremde – ernst gemeinte positive Worte stärken die Verbindung zu anderen und sorgen bei dir und dem Empfänger für gute Laune und Happy Vibes.

Notes

....

....

....

....

....

☐ Challenge erfolgreich umgesetzt

33

Praktiziere Dankbarkeit

Schreibe drei Dinge auf, für die du dankbar bist. Das kann etwas Großes oder Kleines sein – wie ein schöner Moment mit einem Freund*in, das Mittagessen, die gute Luft, dein Mut oder ein Erfolg bei der Arbeit. Dankbarkeit zu praktizieren ist eine simple Aufgabe mit großer Wirkung. Es hilft uns, den Fokus auf die positiven Aspekte im Leben zu lenken und unsere Happiness nachhaltig zu steigern.

Notes

....

....

....

....

....

☐ Challenge erfolgreich umgesetzt

34

Mini-Wellness-Auszeit

Verwöhne dich selbst mit einem Wellness-Moment zuhause. Nimm ein warmes Bad, gönne dir eine Gesichtsmaske oder eine kleine Selbst-Massage, bereite dir einen gesunden Smoothie zu oder genieße die Zeit nur für dich. Selbst kleine Wellness-Auszeiten können das Wohlbefinden erheblich steigern, sorgen für innere Ruhe und Entspannung.

Notes

....

....

....

....

....

☐ Challenge erfolgreich umgesetzt

Trinke Wasser

Beginne den Tag mit einem großen Glas Wasser, am besten direkt nach dem Aufstehen. Über Nacht verliert der Körper viel Flüssigkeit und Wasser am Morgen hilft deinem Körper, gut in den Tag zu starten. Versuche auch, über den Tag verteilt genug zu trinken, etwa 1,5 bis 2,5 Liter. Platziere dafür das Wasser sichtbar an einer Stelle, an der du tagsüber oft bist. Ausreichend zu trinken ist essenziell für unsere Gesundheit und Wohlempfinden.

Notes

....

....

....

....

....

☐ Challenge erfolgreich umgesetzt

36

Waldbaden

Plane für die nächsten Tage einen Ausflug in den Wald und trage den Tag fest in den Kalender ein. Vielleicht fragst du, ob jemand mitkommen möchte. Nimm die Natur mit all deinen Sinnen wahr und genieße »ein Bad im Wald«. Achte auf den Duft von Moos, beruhigende Geräusche und die klare Luft. Lass Gedanken kommen und gehen. Diese Form der Entschleunigung bringt uns zurück in den Moment – und genau dieser Moment ist es, der uns glücklich macht.

Notes

....

....

....

....

....

☐ Challenge erfolgreich umgesetzt

Struktur im Alltag

Definiere bestimmte Bereiche für bestimmte Dinge (z. B. Schlüssel an den Haken, Schuhe ins Regal, Ladekabel in eine Box) und notiere dir deine festgelegten Ordnungszonen. Das erleichtert das Auffinden der Dinge und spart Zeit, da du sie nicht suchen musst. Außerdem sorgt es für mehr Struktur. Und das macht uns glücklich, weil es Ordnung im Außen schafft und dadurch auch mehr Klarheit und Ruhe im Inneren bringt.

Notes

....

....

....

....

....

☐ Challenge erfolgreich umgesetzt

38

Keep Smiling

Starte den Tag direkt damit, dich im Bad nach dem Aufstehen 30 Sekunden lang im Spiegel anzulächeln. Versuche auch, den ganzen Tag bewusst öfter zu lächeln – selbst dann, wenn dir nicht danach ist. Lächeln hebt die Stimmung und hat eine ansteckende Wirkung auf die Menschen um dich herum. Und es fühlt sich leicht, spielerisch und befreiend an – genau das, was wir für mehr Glücksgefühle brauchen.

Notes

....

....

....

....

....

☐ Challenge erfolgreich umgesetzt

39

Lunch-Date mit Potenzial

Verabrede dich in den nächsten Tagen mit jemandem zum Lunch, von dem du glaubst, dass ihr euch gut verstehen würdet, wenn ihr euch näher kennenlernt. Das kann beispielsweise ein netter Nachbar, eine Kollegin aus einer anderen Abteilung oder eine Bekannte, die du vom Sport kennst, sein. Neue Menschen bringen frischen Wind in unser Leben, fordern uns heraus, bereichern uns emotional und können uns sogar glücklicher machen.

Notes

....

....

....

....

....

☐ Challenge erfolgreich umgesetzt

40

Perspektivenwechsel

Denke an eine Person mit einer anderen Meinung als du. Versetze dich in ihre Perspektive, versuche zu verstehen, warum sie anders denkt und notiere deine Gedanken dazu. Das Leben wird abwechslungsreicher und bunter, wenn wir es aus verschiedenen Blickwinkeln betrachten. Diese Übung hilft uns, flexibler, kreativer und empathischer zu werden – und steigert langfristig unsere Happiness.

Notes

....

....

....

....

....

☐ Challenge erfolgreich umgesetzt

41

DIY-Geschenk

Überrasche in den nächsten Tagen einen Menschen, den du magst, mit einem selbstgemachten (Do-it-yourself | DIY) Geschenk wie gebackene Cookies, ein entspannendes Badeöl oder eine personalisierte Playlist mit besonderen Songs, die euch verbinden. Starte mit der Planung des Geschenks bzw. notiere die Zutaten/Utensilien und besorge sie baldmöglichst. Schenken macht alle glücklich – sowohl den Empfänger als auch dich.

Notes

....

....

....

....

....

☐ Challenge erfolgreich umgesetzt

42

Vermeide negative Nachrichten

Dein Mindset braucht keine Breaking News: Achte bewusst darauf, möglichst wenige negative Berichte zu konsumieren. Nachrichten, Newsticker und Eilmeldungen fokussieren sich oft auf dramatische Ereignisse, da diese mehr Aufmerksamkeit erzeugen. Eine ständige Berieselung durch reißerische Schlagzeilen erschwert es, zur Ruhe zu kommen und belastet ein entspanntes, positives Mindset sowie unsere Zufriedenheit.

Notes

....

....

....

....

....

☐ Challenge erfolgreich umgesetzt

43

Auszeit auf der Matte

Suche dir eine einfache, ruhige Yogafigur aus, wie Katze-Kuh, die Berghaltung oder die Haltung des Kindes. Informiere dich in einem Buch oder online über die richtige Ausführung – selbst wenn du sie schon kennst, denn externe Impulse können neue Erkenntnisse bringen. Wenn du bereit bist, übe die Figur für ein paar Minuten, bestenfalls auf einer Matte. Yoga beruhigt und steigert unser Wohlbefinden auf mehreren Ebenen – körperlich, mental und emotional.

Notes

....

....

....

....

....

☐ Challenge erfolgreich umgesetzt

44

Digital Detox

Verzichte heute oder in den nächsten Tagen 24 Stunden auf dein Smartphone – nur Anrufe sind erlaubt. Nutze die Zeit anders, wie Treffen mit Freunden, Kochen, gemeinsame Brettspiele, Bewegung oder Lesen eines Buches. Eine Pause von der digitalen Welt kann sehr entspannend sein und schafft Raum für echte, erfüllende Erlebnisse. Weniger Zeit mit dem Smartphone bedeutet mehr Zeit für das, was uns wirklich glücklich macht.

Notes

....

....

....

....

....

☐ Challenge erfolgreich umgesetzt

45

Genieße vegetarisch

Iss ein vegetarisches Gericht zum Mittag- oder Abendessen – deiner Gesundheit, dem Tierwohl und der Nachhaltigkeit zuliebe. Wie wäre es beispielsweise mit einer Buddha Bowl mit Kichererbsen, geröstetem Gemüse und Avocado, Ofengemüse mit Feta, Pasta mit Pesto oder einem Linsencurry mit Kokosmilch und Kurkuma? Gesundes Essen gibt uns mehr Energie, stabilisiert unsere Stimmung und trägt langfristig zu einem glücklicheren Leben bei.

Notes

....

....

....

....

....

☐ Challenge erfolgreich umgesetzt

46

Minimalismus für besseren Schlaf

Verabschiede dich von Klamottenbergen auf dem Boden, hochgewachsenen Bücherstapel oder zu vielen Accessoires im Schlafzimmer. Reduziere auch digitale Geräte wie TV und Smartphone – am besten verbannst du sie ganz aus dem Raum. Mehr Minimalismus und Klarheit fördern hochwertigen, erholsamen Schlaf. Und eine gute Nachtruhe stärkt die emotionale Stabilität, lässt uns frischer und insgesamt zufriedener fühlen.

Notes

....

....

....

....

....

☐ Challenge erfolgreich umgesetzt

47

Improvisiertes Schreiben

Wähle ein zufälliges Wort oder einen Gegenstand in deiner Umgebung aus und schreibe auf, was dir dazu einfällt – wie eine Geschichte, ein Gedanke, ein Liedtext oder ein Gedicht. Kreatives Schreiben kann eine meditative Wirkung haben und Stress abbauen. Wir können vom Alltag abschalten und den Moment genießen – was unsere Stimmung verbessert und uns glücklicher macht.

Notes

....

....

....

....

....

☐ Challenge erfolgreich umgesetzt

48

Abenteuer Bewegung

Entdecke eine dir unbekannte Art der Bewegung – wie Pilates, Paddle Tennis, Volleyball, Tanzen, Klettern, Wakeboarden oder Nordic Walking. Notiere deine Ideen, überlege, welche Aktivität du ausprobieren möchtest und plane die Umsetzung. Bewegung ist ein natürlicher Stimmungsaufheller und sportliche Herausforderungen motivieren uns und bringen mehr positive Spannung in unser Leben.

Notes

....

....

....

....

....

☐ Challenge erfolgreich umgesetzt

49

Die Kunst, über sich selbst zu lachen

Denke darüber nach, was dein peinlichstes Erlebnis war und wie du darauf reagiert hast. Diese Reflexion kann dir helfen, zukünftige Ereignisse mit mehr Humor zu nehmen, denn mit etwas Abstand wirken viele Erlebnisse gar nicht mehr so peinlich. Wer über sich selbst lachen kann, geht leichter und ausgeglichener durchs Leben – und genau das macht uns auf lange Sicht glücklicher.

Notes

....

....

....

....

....

☐ Challenge erfolgreich umgesetzt

50

Danke

Schreibe eine Nachricht an einen Menschen, der einen positiven Einfluss auf dein Leben hat und bedanke dich bei dieser Person. Dankbarkeit zu zeigen ist ein Win-Win-Prinzip: Es drückt Wertschätzung aus, bereitet dem Empfänger Freude und macht auch dich glücklicher. Es stärkt positive Gefühle, vertieft Verbindungen und festigt eure Freundschaft.

Notes

....

....

....

....

....

☐ Challenge erfolgreich umgesetzt

51

Nachhaltigkeits-Check

Überprüfe, ob dein Lifestyle nachhaltig ist und notiere, was du in Zukunft besser machen könntest. Stelle dir Fragen wie: »Vermeide ich Standby-Modi bei elektronischen Geräten«, »Kann ich meine Mülltrennung optimieren«, »Drehe ich den Wasserhahn beim Zähneputzen zu« und »Kaufe ich qualitativ hochwertige Kleidung anstatt Fast Fashion«? Nachhaltigkeit verbindet dich mit dir selbst, anderen Menschen und der Natur – das schafft tiefes Glück.

Notes

....

....

....

....

....

☐ Challenge erfolgreich umgesetzt

Umgib dich mit Positivität

Ansteckungsgefahr willkommen. Denke an eine Person, die ein positives Mindset hat und plane ein Treffen oder ein spontanes Telefonat. Positive Energie ist ansteckend und kann deine eigene Sichtweise verändern. Menschen, die das Gute sehen, ohne dabei die Realität zu ignorieren, helfen uns, selbst optimistischer zu sein und unser eigenes Leben aus einer fröhlicheren, lösungsorientierteren Perspektive zu betrachten.

Notes

....

....

....

....

....

☐ Challenge erfolgreich umgesetzt

53

Digitale Aufräumaktion

Lösche oder archiviere alte E-Mails, kündige unnötige Newsletter-Abonnements, lege klar strukturierte Ordner für eine bessere Übersicht an, entferne unnötige Lesezeichen aus deinem Browser oder deinstalliere Apps und Programme, die du nicht mehr benutzt. Weniger Ballast = mehr Leichtigkeit. Wer sich von unnötigem Kram trennt, fühlt sich oft befreit. Ein aufgeräumter digitaler Raum sorgt für Klarheit und macht uns noch dazu glücklicher.

Notes

....

....

....

....

....

☐ Challenge erfolgreich umgesetzt

54

Outdoor-Time

Verbringe so viel Zeit wie möglich draußen – sei es zum Lesen eines Buches, für den Weg zum Einkaufen, für ein Telefonat, für eine kleine Sporteinheit oder einfach zum Spazierengehen. Tageslicht, Bewegung und frische Luft wirken stimmungsaufhellend und revitalisierend. Wenn wir an der Luft sind, kommen wir schneller zur Ruhe, was uns dabei hilft, negative Gedanken zu vertreiben und emotional zu entspannen.

Notes

....

....

....

....

....

☐ Challenge erfolgreich umgesetzt

55

Motto-Abend

Wähle ein Thema aus und veranstalte in den nächsten Tagen einen Abend mit deinen Freunden, Familie oder Nachbarn, der ganz diesem Motto gewidmet ist. Notiere dir deine Ideen – beispielsweise »Italienischer Abend«, »Casino Night« oder »80er Jahre Party« – und starte mit der Organisation. Das Eintauchen in eine besondere Atmosphäre bringt Freude, Gemeinschaft und Kreativität – all das trägt dazu bei, dass wir uns glücklicher fühlen.

Notes

....

....

....

....

....

☐ Challenge erfolgreich umgesetzt

56

Lese-Liste

Erstelle eine kleine Liste mit ein bis drei Büchern oder E-Books, die du in den nächsten Monaten lesen möchtest. Vielleicht fragst du auch in deinem Freundeskreis nach, ob jemand eine Buch-Empfehlung für dich hat. Lesen kann eine großartige Möglichkeit sein, Wissen zu erweitern und Zeit einmal nur für dich zu nutzen – das gibt dir Ruhe und das Gefühl von Selbstbestimmung. Und langfristig steigern kleine »Me-Time-Auszeiten« unsere Happiness.

Notes

....

....

....

....

....

☐ Challenge erfolgreich umgesetzt

57

Ernähre dich bunt & gesund

Gestalte dein Essen bewusst bunter mit ausschließlich natürlichen Zutaten. Je farbenfroher deine Mahlzeiten, desto besser. Eine bunte Ernährung mit viel Obst und Gemüse versorgt unseren Körper mit wichtigen Nährstoffen, die unsere Energie, Gesundheit und Happiness steigern. Zudem macht die Vielfalt an Farben und Geschmäckern das Essen zu einem genussvollen Erlebnis, das direkt unsere Laune hebt.

Notes

....

....

....

....

....

☐ Challenge erfolgreich umgesetzt

58

Nach Gebrauch aufräumen

Stelle das Geschirr nach dem Essen sofort in die Spülmaschine oder wasche es ab. Das Gleiche gilt für Kleidung – direkt in die Wäsche oder zurück in den Schrank. Das hilft dir, Ordnung zu halten und nicht von Wäschebergen oder schmutzigem Geschirr erschlagen zu werden. In einem ordentlichen Zuhause fällt es uns leichter, zu entspannen und das bringt uns mehr positive Vibes.

Notes

....

....

....

....

....

☐ Challenge erfolgreich umgesetzt

Deine Happiness-Liste

Schreibe Aktivitäten auf, die dich glücklich machen, wie Zeit in der Natur verbringen, lautes Singen, Bewegung, Kochen oder ein Gespräch mit einem Freund*in. Nutze diese Liste als Inspiration für schlechte Tage. Positive Impulse können dir an solchen Tagen helfen, negative Gedanken zu durchbrechen und dich wieder mit den schönen Dingen zu verbinden, die dir Kraft und Freude schenken.

Notes

....

....

....

....

....

☐ Challenge erfolgreich umgesetzt

60

Co-Housing

Stell dir vor, du lebst in einer Gemeinschaft, wie in einer Tiny House Community, einem Mehrgenerationenhaus, einer WG oder einem Öko-Wohnprojekt – was wären deiner Meinung nach die Vorteile? Notiere deine Gedanken und wenn dir solche Modelle gefallen, überlege, was du unternehmen kannst, um selbst in solch einer Community zu leben. Co-Housing stärkt die Gesundheit und ist eine hervorragende Basis für ein langes, glückliches Leben.

Notes

☐ Challenge erfolgreich umgesetzt

61

Sanfte Klänge

Höre Entspannungsmusik oder Naturgeräusche während der Arbeit, bei alltäglichen Aufgaben oder abends, um einen ruhigen Ausgleich zu schaffen. Online gibt es viele kostenlose Möglichkeiten für entspannenden Sound. Sanfte Melodien und harmonische Klänge können den Stresspegel senken, die Herzfrequenz und den Blutdruck reduzieren und uns in einen entspannteren Zustand versetzen, in dem wir innere Balance und Zufriedenheit empfinden.

Notes

....

....

....

....

....

☐ Challenge erfolgreich umgesetzt

62

Gewohnheiten durchbrechen

Versuche, eine deiner Routinen zu ändern. Kleine Dinge wie eine neue Strecke zum Office wählen, auf der ungewohnten Bettseite schlafen oder spontan eine Sport-Session einbauen, trainieren das Gehirn, flexibler zu denken und Neues besser aufzunehmen. Wenn wir regelmäßig aus unseren Gewohnheiten ausbrechen, hilft uns das, entspannter auf ungeplante Veränderungen zu reagieren und wir fühlen uns in unerwarteten Situationen wohler.

Notes

....

....

....

....

....

☐ Challenge erfolgreich umgesetzt

Frisch & lokal

Plane für die nächsten Tage den Besuch eines Marktes in deiner Nähe und trage den Markttag in deinen Kalender ein. Lass dich dort inspirieren und kaufe frische Lebensmittel – bestenfalls in Bioqualität. Wenn wir gesunde Nahrung auf einem Markt einkaufen, praktizieren wir Selbstfürsorge, bringen uns Wertschätzung entgegen und unterstützen regionale Erzeuger. Das stärkt unser Selbstbewusstsein und macht uns happy.

Notes

....

....

....

....

....

☐ Challenge erfolgreich umgesetzt

64

Entdecke eine neue Entspannungsmethode

Ob Meditation, Progressive Muskelentspannung, Qigong, Yoga oder Atemübungen – probiere eine Methode aus, die du noch nicht kennst. Online gibt es viele kostenlose Anleitungen und Videos. Oder frage in deinem Freundeskreis nach Empfehlungen. Gönne dir eine kleine Auszeit vom Alltag – selbst 10 Minuten können einen Unterschied machen. Ruhe ist wie ein mentaler Reset-Knopf. Sie hilft uns, klarer und glücklicher zu sein.

Notes

....

....

....

....

....

☐ Challenge erfolgreich umgesetzt

65

Bücher-Check-Up

Nimm dir Zeit, um dein Bücherregal und deine Zeitschriften auszusortieren. Bücher und Zeitschriften, die du nicht mehr lesen wirst und die gut erhalten sind, kannst du in nächster Zeit verkaufen, an Freunde, Nachbarn und Bekannte verschenken oder einer Bücherei spenden. Das schafft dir mehr Platz und bringt noch dazu schöne, positive Gefühle.

Notes

....

....

....

....

....

☐ Challenge erfolgreich umgesetzt

66

Gönne dir eine Freude

Suche dir etwas, das dir Freude bereitet, sei es eine Schale Erdbeeren, eine warme Tasse Tee, deine Lieblingsmusik, ein frisch gepresster Saft, eine kleine Sportsession oder ein kurzer Moment der Entspannung. Diese kleinen Freuden können den Tag verschönern, Stress reduzieren, uns den Moment genießen lassen und Glücksgefühle schenken.

Notes

....

....

....

....

....

☐ Challenge erfolgreich umgesetzt

Erlaube dir, nicht perfekt zu sein

Du musst nicht Mr. oder Miss Perfect sein. Jemand, der immer perfekt ist, gibt es in der Realität nicht. Achte darauf, nicht zu streng mit dir zu sein, wenn beim nächsten Mal etwas nicht so läuft wie geplant oder dir ein Missgeschick passiert. Wenn wir uns selbst so akzeptieren, wie wir sind, können wir unser Leben authentischer und zufriedener gestalten.

Notes

....

....

....

....

....

☐ Challenge erfolgreich umgesetzt

68

10-Minuten-Sport-Challenge

Nimm dir heute 10 Minuten Zeit für eine Mini-Sporteinheit. Ob Seilspringen, Hampelmänner, Laufen auf der Stelle oder sanftes Stretching – kurze Übungen sind oft effektiver als gedacht. Wähle eine Einheit, die zu deiner Stimmung und deinem Fitnesslevel passt – ob kraftvoll, energiegeladen oder entspannend. Schon kurze Bewegungssessions sind Gute-Laune-Booster und sorgen für mehr Happiness – ganz ohne großen Zeitaufwand.

Notes

....

....

....

....

....

☐ Challenge erfolgreich umgesetzt

69

No-Shopping-Week

Ab jetzt heißt es: Eine Woche lang kein Konsum. In diesen sieben Tagen dürfen nur Lebensmittel und Dinge des täglichen Bedarfs gekauft werden. Die gewonnene Zeit, die sonst für Shopping genutzt wird, kannst du stattdessen für schöne Erlebnisse mit Familie, Freunden oder für inspirierende Aktivitäten einsetzen. So schaffst du Raum für nachhaltige Freude und reduzierst impulsiven Konsum, der nur kurzfristig Glücksgefühle bringt, die schnell verblassen.

Notes

....

....

....

....

....

☐ Challenge erfolgreich umgesetzt

70

Entdecke die guten Dinge

Gehe mit dem Bewusstsein durch den Tag, die schönen Dinge wahrzunehmen, die dir begegnen – wie das Zwitschern der Vögel, eine nette Kassiererin, frische Croissants, deine kuschelige Bettdecke oder die liebe Nachricht eines Freundes. Notiere die Dinge, die dir den Tag versüßt haben. Manchmal sind es die Mini-Momente, die den Tag wertvoll machen und uns glücklich stimmen.

Notes

....

....

....

....

....

☐ Challenge erfolgreich umgesetzt

Delegiere eine Aufgabe

Überlege dir, welche Aufgaben andere für dich übernehmen können – sei es im Haushalt, im Office oder bei alltäglichen Erledigungen. Delegiere eine geeignete Aufgabe an eine passende Person und kläre mit ihr, ob sie dich dabei unterstützen oder die Aufgabe vollständig übernehmen kann. Das schafft Freiraum, reduziert Stress und gibt dir mehr Zeit für die Dinge, die dich glücklich machen.

Notes

....

....

....

....

....

☐ Challenge erfolgreich umgesetzt

72

Urlaub zuhause

Plane für die nächsten freien Tage einen Urlaub zuhause statt einer Reise mit langem Anfahrtsweg. Überlege dir schöne Aktivitäten, wie Tagesausflüge in deiner Umgebung, und notiere deine Ideen. Bestenfalls unternimmst du die Touren mit dem Fahrrad oder den öffentlichen Verkehrsmitteln. Nachhaltige Entscheidungen – wie ein Urlaub ohne Flugzeug oder Auto – geben uns das gute Gefühl, etwas Positives zu tun und versprechen Zufriedenheit.

Notes

....

....

....

....

....

☐ Challenge erfolgreich umgesetzt

Mini-Denk-Challenge

Fordere dich mit einer Denkaufgabe heraus, wie Sudoku, Quizfragen, Buchstabenrätsel, Logikrätsel oder Puzzle. Passende Aufgaben findest du kostenlos online, in Magazinen und Zeitungen oder vielleicht in deinem Zuhause (z. B. Puzzle). Achte darauf, dass die Aufgabe dich weder über- noch unterfordert. Denkaufgaben fördern die Kreativität, beruhigen Gedanken, bauen Stress ab und bringen Spaß sowie Happy Vibes.

Notes

....

....

....

....

....

☐ Challenge erfolgreich umgesetzt

74

Räume deine Küche auf

Bringe Ordnung in deine Küche. Bei deiner Aufräumaktion achte beispielsweise auf verschlissene Schwämme, zerkratzte Pfannen, alte Gewürze, doppelte Gegenstände, schimmelige Lebensmittel sowie angeschlagenes Geschirr. Aufräumen ist wie eine kleine Therapie für unser Wohlbefinden – es bringt Struktur, Klarheit und ein direktes Gefühl der Zufriedenheit.

Notes

....

....

....

....

....

☐ Challenge erfolgreich umgesetzt

75

Barfuß laufen

Wann immer es dir möglich ist, laufe barfuß. Verzichte vor allem zuhause auf Hausschuhe. Und falls es in deiner Nähe einen Barfußpfad gibt, plane einen Ausflug dorthin. Barfußlaufen ist angenehm, gesund und macht glücklich, weil es uns erdet, den Körper entspannt, die Stimmung hebt und uns mit der Natur verbindet. Und viele verbinden Barfußlaufen mit fröhlichen Momenten aus der Kindheit, was zusätzlich positive Emotionen weckt.

Notes

....

....

....

....

....

☐ Challenge erfolgreich umgesetzt

76

Helping Hands

Nutze die nächste Gelegenheit, um jemandem einen kleinen Gefallen zu tun oder deine Hilfe anzubieten. Das kann eine freundliche Geste, tatkräftige Unterstützung oder soziales Engagement sein – jede Form der Hilfsbereitschaft zählt. Auch aufmunternde Worte oder einfach nur zuhören können viel bewirken. Das gibt uns ein Gefühl von Sinnhaftigkeit, vertieft zwischenmenschliche Beziehungen und steigert unser Selbstwertgefühl sowie unsere Happiness.

Notes

....

....

....

....

....

☐ Challenge erfolgreich umgesetzt

Gute-Nacht-Routine

Überlege dir eine feste Gewohnheit vor dem Schlafen gehen, die dir hilft, den Tag in Ruhe ausklingen zu lassen. Das kann ein warmes Bad, ein beruhigender Kräuter-Tee oder eine entspannende Lektüre sein. Notiere deine Abend-Routine und setze sie regelmäßig ein. Sie unterstützt dich dabei, zu entspannen, was das Einschlafen erleichtern kann. Und erholsamer Schlaf ist ein natürlicher Glücksbooster – er sorgt für innere Balance und macht uns zufriedener.

Notes

....

....

....

....

....

☐ Challenge erfolgreich umgesetzt

78

Kuschel-Zeit

Wenn jemand in deiner Nähe ist, der dich gerne hat, dann umarme die Person einfach nur so und genieße die Nähe. Oder hole es bei nächster Gelegenheit nach, wenn jemand Geeignetes in deiner Umgebung ist. Körperliche Nähe löst Glücksgefühle aus, stärkt die Beziehung zu der anderen Person und wärmt unser Inneres.

Notes

....

....

....

....

....

☐ Challenge erfolgreich umgesetzt

Lass die Vergangenheit los

Denke über einen unglücklichen Moment nach, der dich immer wieder beschäftigt und akzeptiere, dass du daran nichts mehr ändern kannst. Lass negative Gedanken, Schuldgefühle oder alte Enttäuschungen hinter dir und richte deinen Blick auf das Hier und Jetzt. Das lässt dich leichter fühlen, führt zu mehr innerer Balance und steigert deine Happiness.

Notes

....

....

....

....

....

☐ Challenge erfolgreich umgesetzt

80

Nachhaltig von A nach B

Nutze ein Fahrrad, öffentliche Verkehrsmittel oder gehe zu Fuß und lass dein Auto stehen, um die Umwelt zu schonen. Wenn du nicht auf dein Auto verzichten kannst, parke es bewusst weiter entfernt von deinem Ziel, um zumindest einen kleinen Spaziergang einzubauen. Nachhaltiges Handeln gibt uns das Gefühl, aktiv dazu beizutragen, die Welt für zukünftige Generationen zu erhalten. Dieses Gefühl von Sinnhaftigkeit steigert unsere Happiness.

Notes

....

....

....

....

....

☐ Challenge erfolgreich umgesetzt

81

Sing your Song

Wähle ein Lied aus, das du magst und suche online nach der Karaoke-Version. Wenn Familie oder Freunde in der Nähe sind, animiere sie – wenn du möchtest – zum Mitmachen. Ansonsten sing das Lied einfach allein. Singen ist wie ein natürliches Antidepressivum. Es befreit, verbindet und schenkt pure Glücksmomente. Und dabei spielt es keine Rolle, ob man gut singen kann oder nicht.

Notes

....

....

....

....

....

☐ Challenge erfolgreich umgesetzt

82

Setze dir ein kleines Ziel

Überlege dir, welches Tagesziel oder welche Aufgabe du erreichen möchtest. Das kann beispielsweise Einkaufen, Staubwischen, Altglas wegbringen, weniger als eine Stunde Smartphonenutzung oder das Vereinbaren eines immer wieder aufgeschobenen Termins sein. Das Erreichen eines kleinen Ziels kann dir ein Gefühl der Erfüllung und Motivation für den Rest des Tages geben und bringt Happy Vibes in den Alltag.

Notes

....

....

....

....

....

☐ Challenge erfolgreich umgesetzt

83

Second Hand

Sortiere gut erhaltene, aber nicht mehr benötigte Kleidung aus und verschenke sie bei nächster Gelegenheit – zum Beispiel an Freunde, Kollegen, Nachbarn oder eine lokale Wohltätigkeitsorganisation. Dadurch schaffst du mehr Raum für Dinge, die du wirklich liebst und wirst zusätzlich mit einem guten Gefühl belohnt, wenn du anderen eine Freude bereitest.

Notes

....

....

....

....

....

☐ Challenge erfolgreich umgesetzt

84

Energie-Boost-Ritual

Entwickle ein Ritual, um deine Energie zu steigern, wenn du dich müde oder ausgelaugt fühlst. Das könnte eine kurze Yoga-Session, Bewegung in der Natur, lautes Singen oder ein gesunder Snack sein. Überlege dir, was für dich am besten geeignet wäre, notiere dein Ritual und setze es das nächste Mal um, wenn du Energie benötigst. So verhinderst du, dass deine Power und deine Laune sinken und sorgst für mehr Happy Vibes.

Notes

....

....

....

....

....

☐ Challenge erfolgreich umgesetzt

Mini-Bucket-List

Was möchtest du in der nächsten Zeit erleben? Notiere mindestens zwei Aktivitäten oder kleine Abenteuer, die du in den nächsten acht Wochen umsetzen möchtest. Das können Dinge sein wie barfuß im Regen laufen, Kanu fahren, ein Buch an einem Tag lesen oder ein Besuch in einem neuen Restaurant. Das Planen und die Vorfreude auf diese Erlebnisse bringen Motivation und Happiness.

Notes

....

....

....

....

....

☐ Challenge erfolgreich umgesetzt

86

Style dein Wohnzimmer um

Stelle mindestens drei Gegenstände (z. B. Teppich, Stuhl, Vase, Lampe, Regal oder Kommode) in deinem Wohnzimmer an einen neuen Platz, an dem sie dir gefallen und schaffe so eine andere Atmosphäre in deinem Raum. Das ermöglicht neue Perspektiven und trainiert unsere Flexibilität – beides wichtige Bausteine für nachhaltige Zufriedenheit.

Notes

....

....

....

....

....

☐ Challenge erfolgreich umgesetzt

87

Geschmack pur

Iss nur unverarbeitete Lebensmittel und genieße den puren Geschmack. Das sind Nahrungsmittel ohne künstliche Zusatzstoffe, industrielle Verarbeitung oder raffinierte Inhaltsstoffe. Beispiele sind frisches Obst und Gemüse, Nüsse, Eier, Samen, Geflügel, Naturreis und Kräuter. Diese Lebensmittel sind gesund, heben unsere Stimmung, liefern Energie und bringen uns glückliche Gefühle.

Notes

....

....

....

....

....

☐ Challenge erfolgreich umgesetzt

88

Zeit für eine kleine Massage

Gönne dir eine einfache Selbstmassage, z. B. für Nacken, Schultern oder Hände. Abends kannst du beispielsweise deine Füße mit einem kleinen Ball oder den Händen massieren. Schon wenige Minuten Massage lösen Verspannungen und fördern die Entspannung. Indem du dir selbst solche Wellness-Momente schenkst, nimmst du dir bewusst Zeit für dich – und Selbstfürsorge ist entscheidend für langfristige Zufriedenheit.

Notes

....

....

....

....

....

☐ Challenge erfolgreich umgesetzt

Feiere deine Erfolge

Notiere deine Erfolge und Fortschritte, die du in deinem Leben erreicht hast – und sei stolz auf dich. Erfolge müssen nicht immer groß sein. Das kann ein nachhaltigerer Lifestyle, ein selbst gemaltes Bild oder ein schwieriges Gespräch geführt zu haben, sein. Wenn wir uns unsere Erfolge bewusst machen, erkennen wir unsere eigenen Fähigkeiten und entwickeln ein positives Bild von uns – und das stärkt unser Selbstbewusstsein und bringt Happy Vibes.

Notes

....

....

....

....

....

☐ Challenge erfolgreich umgesetzt

90

Ein Tag als Tourist in deiner Stadt

Plane einen Tag als Urlauber in deiner eigenen Stadt und trage dir den »Sightseeing-Tag« in deinen Kalender ein. Besuche bekannte Sehenswürdigkeiten oder touristische Attraktionen, als würdest du sie zum ersten Mal sehen und informiere dich vor deiner Tour durch die Stadt über die wichtigsten Highlights. Vielleicht entdeckst du auch für dich unbekannte Orte und Bauwerke. Neue Eindrücke beleben und lassen Freude entstehen.

Notes

....

....

....

....

....

☐ Challenge erfolgreich umgesetzt

Get-together

Plane eine kleine Feier mit lieben Freunden und Bekannten bei dir zuhause – auch ohne bestimmten Anlass. Notiere dir die Gästeliste und lege ein Datum für die Party fest. Versuche auch Personen einzuladen, die sich noch nicht kennen. Gemeinsam eine schöne Zeit zu erleben bringt gute Stimmung, glückliche Momente und festigt Beziehungen.

Notes

....

....

....

....

....

☐ Challenge erfolgreich umgesetzt

92

Positiv durch Körperhaltung

Setze dich oder stehe aufrecht. Achte darauf, dass dein Rücken gerade ist, ziehe deine Schultern leicht nach hinten und unten, sodass sich dein Brustkorb öffnet. Halte deinen Kopf gerade und dein Kinn parallel zum Boden, damit du nach vorne und nicht nach unten schaust. Eine offene, aufrechte Körperhaltung vermittelt dir ein Gefühl von Selbstvertrauen und Positivität und stärkt dich auch mental.

Notes

....

....

....

....

....

☐ Challenge erfolgreich umgesetzt

Slow Living

Nimm dir mehr Zeit für alltägliche Dinge wie Essen, Bewegung oder Kommunikation. Setze dich z. B. ohne Ablenkungen zum Essen hin und schmecke die Aromen. Oder mache einen langsamen Spaziergang, ohne dich auf ein Ziel zu konzentrieren. Und statt Small Talk nimm dir die Zeit für einen echten Austausch. Langsamkeit schafft Raum für Genuss und du kannst den Moment intensiver wahrnehmen – all das sind Booster für unsere Happiness.

Notes

....

....

....

....

....

☐ Challenge erfolgreich umgesetzt

94

Starte ein Projekt

Beginne ein Projekt, das du schon lange in Angriff nehmen wolltest. Das kann ein Gartenprojekt, das Erlernen einer neuen Fähigkeit, das Engagement in einem sozialen Projekt oder eine kreative Tätigkeit wie Malen, Basteln oder Schreiben sein. Projekte sind eine schöne Abwechslung vom Alltag – sie bringen Motivation, ein Gefühl von Wachstum und lassen uns gut fühlen.

Notes

....

....

....

....

....

☐ Challenge erfolgreich umgesetzt

Ab ins Altpapier

Sortiere alte Dokumente, Papierstapel, Notizzettel, Briefe und Unterlagen aus, die sich über die Jahre in deinem Zuhause angesammelt haben. Vielleicht findest du längst bezahlte Rechnungen, veraltete Garantien oder abgelaufene Coupons. Trenne dich von Ballast, den du nicht mehr benötigst. Das kann unglaublich befreiend sein, mehr Raum schaffen und das kleine Erfolgserlebnis nach dem Aussortieren bringt Glücksgefühle.

Notes

....

....

....

....

....

☐ Challenge erfolgreich umgesetzt

96

Wohlfühl-Paket verschenken

Packe eine kleine Box mit Wohlfühl-Dingen, die du zuhause findest – wie Tee, Kerzen oder Kosmetikproben. Lege, wenn du magst, noch eine Karte mit lieben Worten dazu. Verschenke die Box als Überraschung an eine Person, die du gerne hast und die ein wenig Entspannung gebrauchen kann. Schenken macht Freude – sowohl dir als auch dem Beschenkten – und festigt noch dazu Freundschaften, die ein Basiselement für nachhaltige Zufriedenheit sind.

Notes

....

....

....

....

....

☐ Challenge erfolgreich umgesetzt

3-Tage-Healthy-Food-Challenge

Plane für drei Tage gesunde Mahlzeiten im Voraus und kaufe dir die Zutaten ein, die du dafür benötigst. Dabei muss nicht gekocht werden – auch ein Avocado-Vollkorn-Brot, Joghurt mit Beeren oder Salat-Wrap sind wunderbar geeignet. Den meisten Menschen fällt es leichter, sich gesund zu ernähren, wenn sie es im Voraus geplant und das Essen griffbereit haben. Und es macht glücklich, weil es Zeit spart, den Stress im Alltag reduziert und gesunde Entscheidungen erleichtert.

Notes

....

....

....

....

....

☐ Challenge erfolgreich umgesetzt

98

Müllfrei für einen Tag

Setze dir das Ziel, so wenig Müll wie möglich zu produzieren. Nutze eigene Behälter für den Einkauf sowie wieder- verwendbare Obst- und Gemüsebeutel und wähle Seifen- stücke anstatt Flüssigseife in Plastikverpackung. Verwende einen mitgebrachten Coffe-to-Go-Becher für den Kaffee unterwegs und einen Korb oder Stoff-Beutel für die Einkäufe. Das Wissen, etwas Gutes für den Planeten zu tun, kann deine Glücksgefühle nachhaltig steigern.

Notes

....

....

....

....

....

☐ Challenge erfolgreich umgesetzt

Vision-Board

Visualisiere deine Träume und Ziele, indem du Bilder, Zitate und Symbole auf ein großes Blatt Papier klebst und es an einem für dich sichtbaren Ort platzierst. Das hilft, den Fokus auf das Positive und Zukünftige zu lenken. Indem du deine Wünsche bildlich darstellst und dich täglich mit ihnen verbindest, kannst du deine Energie und dein Handeln auf das ausrichten, was du wirklich willst – und das macht uns langfristig zufriedener.

Notes

....

....

....

....

....

☐ Challenge erfolgreich umgesetzt

100

Langweile dich

Plane bei nächster Gelegenheit zwei Stunden Zeit ein, in denen du dir nichts vornimmst und den Moment spontan gestaltest. Trage dieses »Date« in deinen Kalender ein. In dieser Zeit sind digitale Geräte und Shopping-Touren tabu. Indem wir Langeweile zulassen, schaffen wir Raum für neue Ideen, fördern Kreativität und Freiheit und ermöglichen eine tiefere Verbindung zu uns selbst. Manchmal ist es genau das, was wir brauchen, um glücklich zu sein.

Notes

....

....

....

....

....

☐ Challenge erfolgreich umgesetzt

101

Mini-Wissens-Session

Lies einen Artikel, sieh dir eine Dokumentation an oder höre einen Podcast über ein Thema aus den Bereichen Sport, Wissenschaft, Psychologie, Tierwelt, Wirtschaft, Medizin, Kunst, Kultur, Geschichte o. ä., das dich schon immer interessiert hat. Wissen zu vertiefen wirkt erfrischend und lässt uns persönlich wachsen. Es erweitert unsere Perspektive und gibt uns ein Gefühl von Erfüllung und Freude.

Notes

....

....

....

....

....

☐ Challenge erfolgreich umgesetzt

102

Ungeteilte Zeit schenken

Wenn du das nächste Mal Zeit mit Freunden oder Familie verbringst, versuche, alle Ablenkungen zu minimieren – schalte dein Smartphone stumm und lege es aus deinem Sichtfeld, klappe dein Notebook zu und stelle dein Festnetztelefon auf Mute. Gemeinsame, ungeteilte Zeit ist oft das wertvollste Geschenk, das wir machen können – und es stärkt Beziehungen, die unsere Happiness positiv beeinflussen.

Notes

....

....

....

....

....

☐ Challenge erfolgreich umgesetzt

103

(Indoor)-Picknick

Stelle dir ein kleines Picknick zusammen, selbst wenn es aufgrund des Wetters nur drinnen möglich ist. Eine Decke, ein paar Snacks und Getränke und vielleicht frische Früchte oder Gemüsesticks – mache es dir gemütlich und schaffe einen Mini-Urlaubs-Moment zum Relaxen. Und wenn du jemanden weißt, der gerne mit dir picknicken würde, lade ihn ein – gemeinsam macht es noch mehr Spaß.

Notes

....

....

....

....

....

☐ Challenge erfolgreich umgesetzt

104

Praktiziere Freundlichkeit

Sei bewusst freundlich zu allen Menschen, die dir begegnen – selbst in Momenten, in denen du gestresst oder in Eile bist. Deine Gelassenheit und gute Laune können ansteckend wirken und für mehr Harmonie sorgen. Indem du Freundlichkeit zelebrierst, verschenkst du nicht nur positive Energie, sondern du erlebst auch selbst ein Gefühl der Zufriedenheit, weil du etwas Gutes tust.

Notes

....

....

....

....

....

☐ Challenge erfolgreich umgesetzt

105

Tanze allein

Höre deine Lieblingsmusik und tanze für ein paar Minuten – ob ruhig, wild, sanft oder kraftvoll, ganz nach deiner Stimmung. Wenn du dich vollkommen dem Moment hingibst, lösen sich Sorgen auf und du fühlst dich einfach großartig. Tanzen baut Stress ab und erinnert dich daran, wie befreiend und voller Freude das Leben sein kann.

Notes

....

....

....

....

....

☐ Challenge erfolgreich umgesetzt

106

10-Minuten-Aufräum-Challenge

Stelle den Timer auf 10 Minuten ein und räume in dieser Zeit in deinem Zuhause so viel auf, wie du schaffst. Es ist erstaunlich, wie selbst ein kurzer Aufräum-Boost die Umgebung und Laune verbessert. Weniger Chaos bedeutet weniger Stress. Aufräumen reduziert visuelle Ablenkung, bringt mehr Ruhe ins Unterbewusstsein und schafft glückliche Gefühle.

Notes

....

....

....

....

....

☐ Challenge erfolgreich umgesetzt

107

Out of Comfort Zone

Mache etwas, das außerhalb deiner Komfortzone liegt – sei es eine andere Frisur, eine ungewohnte Kombination deiner Kleidungsstücke oder eine für dich ungewöhnliche Aktivität wie Stricken, einen Baum umarmen, Origami oder Akt-Zeichnen. Das fördert deinen Flexible Mind und erweitert den Horizont. Neue Erfahrungen stärken unser Selbstvertrauen, machen das Leben aufregender und aktivieren Glücksgefühle.

Notes

....

....

....

....

....

☐ Challenge erfolgreich umgesetzt

108

Vitamin-Power mit Obst & Gemüse

Iss fünf Portionen Obst und Gemüse (z. B. eine Karotte, einen Apfel, ein Stück Paprika, eine Banane, ein Stück Kohlrabi), um deinen Körper mit wichtigen Nährstoffen zu versorgen. Eine ausgewogene Ernährung, die ausreichend Obst und Gemüse enthält, kann unsere Glücksgefühle aktivieren, vor Alltagsstress schützen und uns mehr Leichtigkeit geben.

Notes

....

....

....

....

....

☐ Challenge erfolgreich umgesetzt

109

Go-for-a-Walk-Challenge

Gehe drei Tage lang jeden Tag mindestens 15 Minuten spazieren, bei jedem Wetter. Nach den drei Tagen gönne dir eine kleine Belohnung, wie dein Lieblingsessen, ein Stück Obstkuchen oder ein gemütlicher Film- oder Serienabend. Wer sich regelmäßig bewegt, fühlt sich oft mental stärker, fitter und selbstbewusster. Und dieses Gefühl der Selbstwirksamkeit – also das Wissen, dass man etwas für sich tun kann – steigert das Glücksempfinden enorm.

Notes

....

....

....

....

....

☐ Challenge erfolgreich umgesetzt

110

Visualisierungs-Übung

Schließe die Augen und stelle dir einen ruhigen, angenehmen Ort vor (z. B. einen Strand, Berge und Täler, einen See, eine Hängematte oder einen Wald). Verweile an dem Ort deiner Vorstellung für fünf Minuten, genieße den Tapetenwechsel und lass den Stress los. Das bringt Entspannung und eine kleine Auszeit, die essenziell ist für unsere Happiness.

Notes

....

....

....

....

....

☐ Challenge erfolgreich umgesetzt

111

Good Old Friends

Melde dich bei jemandem, mit dem du früher eine enge Verbindung hattest, aber den du aus den Augen verloren hast. Über Social Media oder eine kurze Recherche lässt sich der Kontakt oft schnell wiederherstellen. Frag nach, wie es ihm geht und sag ihm, dass du an ihn gedacht hast. Vielleicht ergibt sich sogar die Möglichkeit, eure Freundschaft wieder zu vertiefen. Enge, positive Beziehungen zu anderen Menschen versprechen das größte Glück.

Notes

....

....

....

....

....

☐ Challenge erfolgreich umgesetzt

Notes

Lily Valmer

THE STYLE OF HAPPINESS

Erstveröffentlichung Sommer 2025

Was macht uns wirklich glücklich? Ist Geld und Erfolg ein Happiness-Booster? Brauchen wir mehr Simple Life, Ruhe und Minimalismus? Müssen wir uns immer gut fühlen, um happy zu sein? Wie viel Freude steckt im Geben und welche Rolle spielt Dankbarkeit? Ist ein gesunder Lifestyle die Basis für Zufriedenheit? Oder sind es am Ende die Menschen um uns herum, die den Unterschied ausmachen?

»The Style of Happiness« lädt dich ein – mit Leichtigkeit, Humor und Klarheit – deinen eigenen Weg zur Zufriedenheit zu entdecken. Das Buch ist kein typischer Glücks-Ratgeber, sondern eine inspirierende Mischung aus fundierter Wissenschaft, Storytelling, smarten Challenges und Aha-Momenten. Es motiviert durch seinen Workbook-Charakter zum aktiven Umsetzen glücksbringender Strategien – du entscheidest, was für dich funktioniert und du vielleicht sogar langfristig in deinen Lifestyle integrierst. Hier geht es nicht um leere Motivationssprüche, sondern um einen echten Lifestyle-Shift für nachhaltige Happiness.

www.lilyvalmer.de
www.instagram.com/lily.valmer

Eine Begegnung: Glück & Zufriedenheit

Glück: Guten Tag, Zufriedenheit! Wie schön, dich zu treffen. Wir beide werden oft miteinander verwechselt, ist dir das auch schon aufgefallen?

Zufriedenheit: Hallo Glück! Ja, das stimmt. Die Menschen neigen dazu, uns gleichzusetzen, obwohl wir doch sehr verschieden sind. Was denkst du, worin unsere Hauptunterschiede liegen?

Glück: Nun, ich würde sagen, dass ich oft von außen komme. Ich bin ein intensives Gefühl, das aus besonderen Ereignissen, schönen Erlebnissen oder Erfolgen entsteht. Wie wenn jemand im Lotto gewinnt, ein Projekt abschließt, ein rauschendes Fest feiert oder eine Gehaltserhöhung erhält. Ich bin zumeist nicht von Dauer und kann schnell wieder verschwinden.

Zufriedenheit: Ja, das sehe ich ähnlich. Ich hingegen bin eher ein anhaltender Zustand, tief in einem Menschen verankert und resultiere aus innerer Balance und der Akzeptanz des eigenen Lebens. Man könnte sagen, ich bin wie ein ruhiger Fluss, der stetig fließt, während du ein mitreißender Bach bist, der manchmal auftaucht und schnell wieder verschwindet.

Glück: Das ist eine schöne Metapher. Ich glaube, die Menschen suchen oft nach mir, weil ich aufregend bin und das Herz schneller schlagen lasse. Aber sie vergessen dabei manchmal, wie wichtig du bist, Zufriedenheit. Du gibst dem Leben Beständigkeit und Tiefe.

Zufriedenheit: Ja, ich werde oft unterschätzt. Die Menschen jagen nach dir, in der Hoffnung, dass du ihnen das erwünschte Leben bringst, aber sie merken oft nicht, dass ich es bin, die ihnen wahre Erfüllung schenkt. Wenn sie lernen, mit dem zufrieden zu sein, was sie haben und wer sie sind, dann würden sie auch häufiger dich erleben.

Glück: Richtig, wir ergänzen uns gut. Es wäre sinnvoll, wir beide würden Hand in Hand gehen. Du bist das Fundament, auf dem ich aufbauen kann.

Wenn jemand zufrieden ist, kann er die Momente des Glücks besser erkennen und intensiver und bewusster genießen.

Zufriedenheit: Absolut. Und wenn jemand ständig nach dir sucht, ohne je zu mir zu kommen, kann das zu Frustration und Enttäuschung führen. Denn du allein kannst keine dauerhafte Erfüllung bringen.

Glück: Genau. Vielleicht sollten wir den Menschen mehr bewusst machen, dass sie uns beide brauchen. Ein erfülltes Leben besteht aus den kurzweiligen Momenten des Glücks und einem tiefen, nachhaltigen Gefühl der Zufriedenheit.

Zufriedenheit: Ein wunderbarer Plan, Glück. Schön, dass wir uns begegnet sind – auf eine gute Zusammenarbeit!

Architektur der Happiness
Firmitas, Venustas & Utilitas

Glücklichsein – wer wünscht sich das nicht? Nahezu jeder strebt danach und das aus gutem Grund. Studien, Bücher, Social Media, Podcasts sowie Glücks-Coaches, Mindset-Trainer & Co. versprechen genau das, wonach wir alle uns sehnen: ein längeres Leben, weniger Stress, bessere Gesundheit, mentale und emotionale Stärke, erfüllende Beziehungen und innere Balance. Klingt verlockend, oder? Doch wie wird man eigentlich glücklich? Viele versuchen es mit der Kalenderspruch-Methode, lassen sich von wohlklingenden Weisheiten wie »Jeder Tag ist eine neue Chance, glücklich zu sein« inspirieren und nehmen sich zwischen Badezimmer und Frühstück entschlossen vor: »Ab heute bin ich dann mal glücklich«. Und dann? Und dann passiert nichts, da es so nicht funktioniert. Wäre es so einfach, gäbe es keine Selbsthilfebücher, keine Coachings und keine Sinnkrisen. Der Versuch, sich Happiness[1] zwischen Zähneputzen und Croissant einzureden, ist genauso absurd wie der Versuch, eine unbekannte Sprache sprechen zu wollen, ohne sie trainiert zu haben. Der Schlüssel liegt nicht im bloßen Beschluss, sondern im regelmäßigen Tun – in den kleinen Handlungen des Alltags, dem bewussten Gestalten und in unserer inneren Haltung. Und das verändert sich nicht einfach von heute auf morgen.

Doch wie sehen diese alltäglichen Gewohnheiten aus und was kann ich tun, damit ich nachhaltig zufrieden werde? Es geht darum, die richtigen Fragen zu stellen und eine Art von Plan für ein

---

[1] Im Buch wird Happiness gleichgesetzt mit Zufriedenheit.

zufriedenes Leben zu entwerfen. Ein Plan, der Antworten auf entscheidende Fragen liefert: Wie soll ich meinen Lifestyle gestalten, um glücklich alt zu werden? Was muss ich tun, um eine stabile Basis für nachhaltige Zufriedenheit zu schaffen und wie finde ich meine persönlichen Happiness Booster?

Um diese Fragen zu beantworten, wurde bereits unzählige Male diskutiert, geschrieben und philosophiert. Ratgeber überfluten die Bücherwelt, das Thema Glück ist allgegenwärtig und scheinbar jeder sieht sich berufen, als Coach Weisheiten zu verbreiten. Aber im Grunde muss man weder die Welt bereisen noch auf Mönche treffen. Es bedarf kein tiefes Abtauchen in wissenschaftliche Studien zur Glücksforschung oder spirituelle Praktiken. Auch das Auflisten von oberflächlichen Motivationssprüchen bringt uns letztendlich nicht weiter.

Konzentrieren wir uns auf das Wesentliche und nehmen die Kunst als Inspiration, um Klarheit zu bekommen. Wählen wir dabei eine Kunst, die sich mit planvollem Gestalten auskennt und nutzen ihre Grundlagen für den Entwurf unseres Happiness-Plans: die Architektur.

Diese basiert auf drei Prinzipien[2]:

Firmitas (Stabilität/Festigkeit)

Venustas (Schönheit)

Utilitas (Nützlichkeit)

---

[2] »Firmitas, Utilitas, Venustas« sind drei Prinzipien der Architektur, die von Vitruv, einem römischen Architekten und Ingenieur des 1. Jahrhunderts v. Chr., formuliert wurden. Diese Prinzipien beschreiben die wesentlichen Eigenschaften, die ein Bauwerk haben sollte, um als gelungen betrachtet zu werden. (Wikipedia)

Beginnen wir mit Firmitas – der Stabilität einer Architektur. Ein Gebäude sollte stabil sein und so gebaut werden, dass es den Kräften der Natur und der Zeit standhält. Übertragen wir dieses Prinzip auf unseren Lifestyle. Angenommen, es gibt verschiedene Dinge, die uns eine Basis für nachhaltige Happiness schaffen. Diese Elemente bilden das Fundament unseres Plans und werden im Laufe des Buches vorgestellt.

Paradoxerweise muss aber ein architektonisches Konstrukt trotz seiner Stabilität flexibel bleiben. Ein Gebäude, das starr ist, hält nur einige Augenblicke stand. In dem Moment, wenn auf ein Bauwerk eine Last einwirkt, ist nämlich die Flexibilität das Stabile und nicht das Starre. Ein Gebäude muss zwar vom Grunde her stabil sein, aber trotzdem innerhalb der Konstruktion jede Menge Flexibilität leisten, damit es nicht in sich zusammenbricht: Flexibilität gegen Lasten von außen, Flexibilität gegen Erschütterung von unten, hinzukommend auch Flexibilität gegen unterschiedliche Einflüsse in vertikaler Hinsicht. Aus diesem Grund besitzt ein Bauwerk Fugen, die es gegen äußere Einflüsse vor dem Zusammenbrechen bewahrt. Man kann dies auch aus der Natur ablesen: Ein menschliches Skelett ist dann stabil, wenn es nicht starr, sondern flexibel ist und sich an Bewegungen anpassen kann. In einem Satz zusammengefasst bedeutet das: Stabilität ist im Grunde Flexibilität. Ein starres Konstrukt, das äußere Einflüsse außer Acht lässt, bekommt Risse und kann aufgrund seiner unnachgiebigen Haltung zusammenbrechen.

Übertragen wir diese Erkenntnis auf unseren Happiness-Plan: Wir können eine stabile Basis für Zufriedenheit mit glücksbringenden Elementen noch so akribisch aufbauen, dürfen dabei aber nie die äußeren Einflüsse vergessen, die unvermeidlich auf uns zukommen werden. Seien wir darauf vorbereitet, dass wir, unabhängig davon, wie stabil unser Leben erscheint, niemals unsere Flexibilität verlieren dürfen, um auf Erschütterungen und Herausforderungen reagieren zu können. Statt in starren Strukturen zu verharren, müssen wir uns beweglich zeigen. Denn letztlich sind es die flexiblen Übergänge – die Fugen – die darüber entscheiden, ob unser Home of Happiness unter Druck zusammenbricht oder den Herausforderungen der Zeit standhält.

Betrachten wir als nächstes Venustas – das Prinzip der Schönheit – und integrieren es in unseren Happiness-Plan. Schönheit kann für das Individuelle stehen, für unsere Persönlichkeit und Authentizität.

Wähle aus den im Laufe des Buches vorgestellten Vorschlägen und Ideen diejenigen aus, die zu dir passen. Was eine Person glücklich macht, wird nicht zwangsläufig auch eine andere Person glücklich machen. Die Elemente eines Konstruktes müssen ineinanderpassen, um ein harmonisches Gesamtwerk zu designen und Schönheit entsteht nicht, wenn man lieblos Wände errichtet und wahllos Säulen setzt.

Zu guter Letzt gesellt sich in unseren architektonischen Happiness-Plan noch Utilitas – die Nützlichkeit – die aus dem Zusammenspiel von Stabilität und Schönheit resultiert: ein längeres Leben, Gesundheit und Zufriedenheit. All die Dinge, dir wir uns wünschen und uns von großem Nutzen sind.

Basierend auf diesen drei Prinzipien der Architektur können wir beginnen, unser Home of Happiness zu designen.

Für das Fundament, die Basis unserer Zufriedenheit, benötigen wir glücksbringende Elemente – die Happy Seven.

Happiness Challenge
Happy Seven – Basis unserer Zufriedenheit

Die sieben tragenden Elemente unseres Plans für ein glückliches Leben – die Happy Seven – sind unsere Stabilität und werden im weiteren Verlauf des Buches ausführlich vorgestellt. Sie bilden die Grundlage, verfeinert durch unsere individuelle Schönheit, mit dem Nutzen, ein möglichst langes und zufriedenes Leben zu leben.

Die Happy Seven sind inspirierende Anregungen, keine starren Regeln und sollten in dem Maße genutzt werden, wie sie am besten zu dir passen. Nicht jeder fühlt sich im gleichen Haus wohl – der eine mag klare Linien, gedeckte Farben und Betonwände, der andere verspielten Altbau, Tapeten mit Blumen und viel Holz. Baue dir kein Haus, das nicht zu dir passt. Nutze die Bausteine innerhalb der Happy Seven, die für dich funktionieren und sei auf äußere Einflüsse vorbereitet, um in herausfordernden Zeiten flexibel reagieren zu können. Gehe step by step vor und versuche nicht, alles gleichzeitig umzusetzen. Probiere auch Dinge aus, die dir zunächst nicht sinnvoll oder ungewöhnlich erscheinen und entdecke deinen eigenen Style of Happiness.

CLEAR

KLARHEIT & FREIHEIT

SIMPLE LIVING: Minimiere Ballast und Konsum

FEEL FREE: Treffe freie Entscheidungen

MONEY MOMEY MONEY: Trenne Geld von Glück

GIVE

GEBEN & NACHHALTIGKEIT

MAKE A GIFT: Mache Geschenke und zeige Engagement

SELF-CARE: Nimm dir Zeit für dich

LOVE YOUR PLANET: Lebe nachhaltiger

JOY

POSITIVITÄT & FREUDE

THINK POSITIVE: Denke positiv

IT´S A GOOD DAY: Sei dankbar

BE CREATIVE: Entfalte dich kreativ

EAT

GESUNDES ESSEN & WELLBEING

HEALTHY FOOD: Ernähre dich gesund

HAPPY FOOD: Iss dich glücklich

COOKING & HARA HACHI BU: Zelebriere Kochen und Genuss

RELAX

ENTSPANNUNG & GELASSENHEIT

SLEEP WELL: Verbessere deinen Schlaf

HUMOR: Nutze Humor und Leichtigkeit

THE POWER OF SILENCE: Finde Ruhe und entspanne dich

MOVE

BEWEGUNG & FLEXIBILITÄT

MOVE YOUR BODY: Bewege dich

FLEXIBLE MIND: Verhalte dich flexibel und offen

SUPERWoMan: Verlasse deine Komfortzone

LOVE

LIEBE & BEZIEHUNGEN

START LOVING YOU: Liebe dich

LOVE OF NATURE: Liebe deine Umwelt

REALTIONSHIP POWER: Bereichere dein Leben mit Beziehungen

HAPPY SEVEN

Im Buch erwarten dich kleine Challenges, Fragebögen inklusive Auswertungen und Happiness Booster, die dich dazu inspirieren sollen, deine Zufriedenheit aktiv zu gestalten. Denn das Empfinden einer inneren Balance stellt sich zumeist nicht von selbst ein und erfordert Einsatz. Aber bleiben wir dabei immer realistisch: Ein einzelner Happiness Booster wird unsere Zufriedenheit nicht nachhaltig steigern können. Doch genau wie eine neue Sprache kann man Happiness trainieren und erlernen. Dazu braucht es regelmäßige Übung und das bewusste Einbinden glücksbringender Gewohnheiten in deinen Alltag, bis sie dir ganz natürlich vorkommen und Teil deines Lifestyles geworden sind. Das ist der Weg zu nachhaltiger Zufriedenheit und die Basis für ein stabiles Home of Happiness.

Stellen wir uns der Challenge, glücklich zu werden. Wir werden auf unserem Weg Veränderungen erleben und müssen uns von der komfortablen Opferrolle und Passivität verabschieden, in der wir uns bequem einrichten können. Aber der Gewinn ist ein glücklicheres, gesünderes und längeres Leben. Und wenn wir nicht bereit sind, uns dafür zu engagieren, wofür dann? Die Alternative ist, den Kopf in den Sand zu stecken und resigniert zu warten, bis es vorbei ist – das eine Leben, das wir haben. Und damit die Möglichkeit ungenutzt zu lassen, die glücklichste Version unseres Lebens zu leben.

Happiness Inside
Die Chemie des Glücks

Bevor wir die Happy Seven ausführlich betrachten, lasst uns zu Beginn einen Ausflug in unser Inneres unternehmen, um ein Verständnis dafür zu gewinnen, wie Glücksgefühle entstehen und dass das Streben nach einem Leben im dauerhaften Glücksrausch nicht zu einer nachhaltigen Happiness führt, sondern sogar schädlich für uns sein kann.

Im Verlauf dieses Buches werden wir immer wieder auf dieses besondere Gefühl stoßen, welches wir empfinden, wenn wir glücklich sind. In den Momenten des Glücks verspüren wir einen sanften, angenehmen Impuls, der sich vielleicht in ein Lächeln oder in ein Gefühl von tiefem Wohlempfinden verwandelt. Ein glückliches Gefühl kann sich warm und leicht anfühlen, als würde ein zartes Kribbeln durch den Körper fließen oder es durchströmt uns kraftvoll und energetisierend. Dieses Gefühl wird unter anderem durch unsere »Glückshormone«[3] beziehungsweise Neurotransmitter ausgelöst, die jeweils unterschiedliche Wirkungen haben, am Ende aber alle irgendwie glücklich machen. Diese Hormone werden in unserem Körper von spezialisierten Zellen in verschiedenen Organen produziert und als körpereigene Wirkstoffe in unseren

---

[3] Als Glückshormone werden im journalistischen Bereich häufig Botenstoffe bezeichnet, die unter bestimmten Umständen Wohlbefinden oder Glücksgefühle hervorrufen. Hormone können auch als Neurotransmitter fungieren, indem sie in unserem Körper Signale zwischen den Nervenzellen übertragen. Aus medizinischer Sicht sind es tendenziell die Neurotransmitter, nicht die Hormone, die unser Wohlempfinden beeinflussen. Der Ausdruck Glückshormon ist daher kein medizinischer Fachbegriff, sondern eine Wortschöpfung der Medien, um vereinfacht die Entstehung unserer Glücksgefühle zu beschreiben. Wir behalten den Begriff Glückshormon im Rahmen dieses Buches bei, um die Komplexität zu minimieren.

Kreislauf abgegeben. Wir fühlen uns happy, wenn der Spiegel unserer Glückshormone im Körper ansteigt – und zwar höher, als er vorher war. Dieses bisschen mehr ist das Glück.

Warum sollten wir diese wundervollen Botenstoffe nicht bewusst nutzen, wenn wir sie bereits in uns tragen? Warum daher nicht unablässig streben nach Momenten des Glücks?

Wenn Glückshormone unser Gehirn fluten, erleben wir das stärkste Wohlempfinden, zu dem der Mensch fähig ist. Diese intensiven Gefühle können sogar grundlegende Bedürfnisse wie Essen, Schlafen oder Trinken überdecken. Frisch Verliebte vergessen oft alles um sich herum und ein Spielsüchtiger verbringt die Nächte im Casino, ohne ein Verlangen nach Schlaf zu spüren.

Ein einmal empfundenes Glücksgefühl, genauer gesagt dessen Auslöser, wird im Gehirn fest verankert. Unser Gehirn lernt, dass eine bestimmte Aktion mit positiven Gefühlen verbunden ist – und verlangt mehr davon. Glücksempfinden bringt also auch ein gewisses Suchtrisiko mit sich. Das ist vor allem bei Handlungen, die auf Dauer nicht gut für uns sind, kritisch zu sehen. Wenn jemand im Casino spielt und dabei Glück empfindet, speichert das Gehirn genau diesen Moment als positiven Reiz ab. Es entsteht ein positiver Anker in Bezug auf den Besuch im Spielcasino. Selbst wenn wir dauerhaft verlieren, bleibt die Erinnerung an das anfängliche Glücksgefühl bestehen – und treibt uns dazu, es immer wieder zu versuchen.

Bei allen folgenden Betrachtungen sollten wir auch nicht vergessen: Kurzweilige Glücksgefühle allein reichen nicht aus, um langfristig glücklich zu sein. Ein Griesgram wandelt sich nicht zum zufriedenen Menschen, nur weil ein Glückshormon ausgeschüttet wird. Womöglich empfindet er kurze Ausschläge höchsten Glücks. Gleichwohl wird er sein Leben so mürrisch beschreiten wie zuvor, sobald das Glücksempfinden nachlässt – seine Grundeinstellung zum Leben verändert es nicht. Dazu gehört weit mehr als ein vorübergehendes Wohlgefühl.

Dennoch: Wenn man weiß wie, können wir die Chemie der Hormone nutzen, um glücklicher durchs Leben zu gehen.

  Die Hormone bzw. Neurotransmitter Serotonin, Dopamin, Endorphin und Oxytocin sind laut gängiger Meinung Boten für mehr Glücksgefühle und Wohlempfinden[4].

Nur wie bekommen wir sie dazu, sich auf den Weg zu machen? Hormone fühlen sich in der Regel vor allem dann wohl, wenn wir uns körperlich aktiv betätigen, ausreichend Schlaf bekommen und unser Stresslevel durch Entspannungspraktiken, wie beispielsweise Meditation oder Yoga, niedrig halten. Auch lieben es unsere Glückshormone, wenn wir Lachen oder Zeit mit netten Menschen verbringen und belohnen uns mit viel Wohlgefühl. Darüber hinaus spielt unsere Ernährung eine entscheidende Rolle, da sie die Hormonproduktion unterstützen kann. Ein weiterer Faktor ist Vitamin D, das der Körper produziert, wenn die Haut der Sonne ausgesetzt wird und das ebenfalls an der Produktion unserer Glückshormone beteiligt ist.

Nachfolgend wollen wir unsere Glückshormone genauer betrachten, um zu verstehen, was sie bewirken und welche weiteren

---

[4] Dieses Buch konzentriert sich auf die vier genannten Botenstoffe Serotonin, Dopamin, Endorphin und Oxytocin. Neben diesen gibt es noch viele andere Neurotransmitter, Hormone und Substanzen, die auch Einfluss auf unsere Stimmung haben können.

Faktoren – neben den bereits genannten Aspekten – ihre Ausschüttung anregen. Und welche Handlungen und Gewohnheiten sind zudem positiver Natur, richten keinen Schaden an und tragen langfristig zu unserer Happiness bei?

Serotonin – »Wellbeing-Hormon«

 Serotonin ist unser »Wohlfühl-Hormon«, da es als Botenstoff eine wichtige Bedeutung hat, wenn es um die Erzeugung von Gefühlen wie innere Balance, Wohlbefinden und Happiness geht. Außerdem kann es uns langfristig stressresistenter und weniger ängstlich machen.

Serotonin wird in Reaktion auf eine Vielzahl von positiven und gesundheitsfördernden Faktoren ausgeschüttet, darunter bereits erwähnte Dinge, die auch die anderen Hormone unterstützen wie emotionale Erlebnisse, soziale Beziehungen, gesunder Schlaf, gute Ernährung und körperliche Bewegung. Besonders Ausdauer-Training wie Laufen, Radfahren, Schwimmen oder Nordic Walking fördern die Freisetzung von Serotonin. Schon 30 Minuten Workout pro Tag können helfen, den Serotoninspiegel zu steigern.

Ein niedriger Serotoninspiegel, der beispielsweise durch ungesunde Ernährung, zu wenig Bewegung und Schlafmangel ausgelöst wird oder genetische Gründe hat, macht uns wiederum anfälliger für Depressionen, Angstzustände und andere Stimmungsstörungen. In solchen Fällen ist ein Arzt oder Therapeut aufzusuchen, der helfen kann, geeignete Strategien zur Verbesserung des Wohlbefindens zu entwickeln.

Dopamin – »Belohnungs- und Motivationshormon«

 Dopamin ist auch als »Botenstoff des Glücks« bekannt und spielt eine Schlüsselrolle bei der Freisetzung unserer Glücksgefühle. Im Grunde immer dann, wenn wir eine Art von Erfolg verspüren. Besonders lang angestrebte Ziele, wie ein Projekt erfolgreich abzuschließen, eine Prüfung zu bestehen, ausreichend für den Urlaub gespart oder die neue Wohnung fertig eingerichtet zu haben, führen zu einer hohen Dopamin-Ausschüttung. Und dein Gehirn belohnt dich dabei sogar jedes Mal, wenn du einen Schritt in Richtung deiner persönlich gesteckten Ziele machst. Vorfreude auf die Zielerreichung durchströmt unseren Körper und animiert uns, Ziele weiter zu verfolgen. Auch kleine Projekte und selbst eingerichtete Routinen – wie täglich eine halbe Stunde spazieren gehen oder joggen, ein Buch zu Ende lesen oder ein selbst zubereitetes Essen – können Glücksgefühle versprühen. Dopamin kann sogar noch mehr. Es ist in der Lage, einen Rückkopplungseffekt auszulösen, der uns dazu motiviert, genau die Dinge zu wiederholen, die uns durch die Dopamin-Ausschüttung glücklich gemacht haben oder um neue Ziele anzugehen. Daher gilt Dopamin auch als Motivationshormon.

Das Marketing hat längst erkannt, wie wirkungsvoll unsere Botenstoffe sind und nutzt gezielt die Effekte unserer Hormone. Social Media bedient sich beispielsweise des Dopamins: Jedes Like, das wir auf einen Post, Beitrag oder Kommentar bekommen, kann Glücksgefühle bei uns auslösen, da wir dies oft als positive Rückmeldung, Belohnung und soziale Anerkennung empfinden. Zusätzlich motiviert uns der Rückkopplungseffekt dazu, immer wieder Likes bekommen zu wollen, wodurch Social Media zum scheinbar unentbehrlichen Glücksbringer wird. Die Schattenseite: Die ständige Jagd nach Likes und der damit verbundene Dopaminkick können süchtig machen und unser Leben negativ beeinflussen, da wir immer mehr Energie darauf verwenden, möglichst viele Likes zu erhalten. Und wenn auf einen Post eine geringe Resonanz erfolgt, kann Enttäuschung und Frustration hervorgerufen werden, da das erwartete Belohnungsgefühl nicht eintritt. Dies wiederum begünstigt negative Gefühle, führt häufig zu Stress und bringt uns sehr weit weg von Happiness.

Und es wird sogar noch gefährlicher. Ein Dopamin-Überschuss durch das Konsumieren von Drogen kann zu psychischen Erkrankungen wie Psychosen, Abhängigkeiten und Angstzuständen führen. Deshalb sollten wir darauf achten, dass die Auslöser unserer Glückshormon-Ausschüttung ausschließlich harmloser Natur sind.

Endorphin – »Gute-Laune-Hormon«

Endorphine sind die »Feel-Good-Hormone« unseres Körpers und Momente, die uns freudig erregen, gehen häufig einher mit einer hohen Endorphin-Ausschüttung. Sie sind verantwortlich für Gefühle wie Euphorie und Freude und hellen unsere Stimmung auf. Des Weiteren dienen sie dem Körper als natürliches Schmerzmittel und verhindern, dass Schmerzreize weitergeleitet werden.

Lustige Filme, Treffen mit Freunden, Musikhören und Aktivitäten, die fröhlich stimmen, können unsere Stimmung heben und die Produktion von Endorphinen anregen. Auch körperliche Intimität und Orgasmen unterstützen die Freisetzung von Endorphinen. Und besonders ausdauernde oder rhythmische Sportarten wie Laufen, Schwimmen oder Tanzen haben einen positiven Einfluss auf unser Endorphin-Level.

Endorphine können jedoch auch die Entwicklung von Suchtverhalten fördern. So kann einerseits das Verlangen nach Endorphinen einen Sportler positiv zu Höchstleistungen antreiben, um das Glücksempfinden erneut zu erleben. Andererseits kann es diese Person in eine Abhängigkeit stürzen, den Kick immer wieder erleben zu wollen. Das kann zu extremen sportlichen Exzessen führen, die unserem Körper nicht guttun. Die Suche nach dem nächsten Endorphin-Kick dominiert dann unser Leben und bringt uns keine nachhaltige Happiness.

Oxytocin – »Kuschelhormon«

 Oxytocin wird oft als »Kuschelhormon« bezeichnet, da es bei engen sozialen Bindungen eine Rolle spielt. Es stärkt das Vertrauen und die Empathie und unterstützt uns bei langfristigen Beziehungen und der Liebe. Auch wird Oxytocin häufig als Mutter-Kind-Hormon bezeichnet, da es für die natürliche Bindung zwischen einer Mama und ihrem Nachwuchs verantwortlich ist.

Oxytocin entsteht unter anderem bei Körperkontakt: Zum Beispiel, wenn Menschen intim sind. Aber auch, wenn wir einen Freund umarmen oder eine Katze streicheln, kann das schon für mehr Oxytocin im Körper sorgen. Und eine entspannende

Massage kann nicht nur Stress abbauen, sondern auch die Freisetzung von Oxytocin stimulieren.

 Serotonin, Dopamin, Endorphin und Oxytocin sind unser prickelnd-süßer Happiness-Cocktail für ein glückliches Leben. Es klingt simpel: Will man sich gut fühlen, muss man nur seine Glückshormone aktivieren. Vielleicht ein wenig zu einfach?

Es reicht bei Weitem nicht aus, unsere Zufriedenheit ausschließlich von einer ständigen Aktivierung der Glückshormone abhängig zu machen. Nur in Kombination mit anderen Faktoren und der Art, wie wir unseren Lifestyle gestalten, können wir eine innere, nachhaltige Happiness erlangen. Ab und an einen prickelnden Happiness-Cocktail zu schlürfen, wird uns langfristig nicht zufrieden machen. Happy durch Hormone funktioniert letztlich nur über langfristige Änderungen in unserem Lifestyle.

Und abschließend stellt sich noch eine wichtige Frage: Trägt eigentlich jeder Mensch die gleichen Voraussetzungen in sich, um glücklich zu sein?

Happiness – Eine Frage der Gene?

Auch wenn wir vom Prinzip her alle die gleichen Hormone haben, die zu Glücksgefühlen beitragen, ist die Verfügbarkeit, die Mischung und die Wirkung bei jedem Menschen unterschiedlich. Es ist wie beim Kochen: Alle haben Zugang zu ähnlichen Zutaten, aber jeder macht sein eigenes Rezept daraus. Faktoren wie Genetik, Erziehung, Umfeld und persönliche Erfahrungen spielen eine große Rolle dabei, wie Hormone in uns wirken und wie wir sie nutzen können.

Untersuchungen deuten darauf hin, dass jeder Mensch schon aufgrund seiner Gene ein individuelles Niveau an Zufriedenheit in sich trägt. Diese Studien besagen, dass unsere Fähigkeit zur Happiness zu 40 bis 50 Prozent von unseren Genen abhängt. Manch einer mag daher aufgrund seiner Gene möglicherweise eine bessere Veranlagung für Zufriedenheit in sich tragen, aber etwas mehr als die Hälfte können wir durch unseren Lifestyle selbst beeinflussen.

Glück und Zufriedenheit sind keine Einheitsnorm. Wie unser individuelles Glücksrezept aussieht, wird maßgeblich von unserer Persönlichkeit beeinflusst. Während der eine durch ein erfolgreiches Projekt und körperliche Nähe seinen Dopamin- und Oxytocinspiegel erhöht, findet eine andere durch Meditation, Musik und Sport ihren Serotonin- und Endorphin-Boost.

Jeder von uns hat das Potenzial, glücklich zu sein – es geht nur darum, den individuellen Weg dorthin zu entdecken, um seine eigene Happiness zu gestalten.

Leseprobe Ende